So lebt Hamburg

*Der perfekte Reiseführer für einen un-
vergesslichen Aufenthalt in Hamburg
- inkl. Insider-Tipps*

Antonia Meinecke

INHALT

Das erwartet Sie in diesem Buch

In Hamburg sagt man "Moin", das hat nichts mit der Tageszeit zu tun, Moin ist viel mehr als ein "Hallo" oder "Guten Tag", Moin verspricht hanseatische Wärme und die gibt es in Hamburg zuhauf. Die Hamburger sind bekannt für Herzlichkeit, Offenheit und ein bisschen Ironie.

Was aber ist es im Einzelnen, das Hamburg so attraktiv macht? Ich lebe nun schon einige Jahre in der Hansestadt und bin mir sicher, dass es ein Zusammenspiel aus Toleranz und Herzlichkeit der

Hamburger ist, ebenso wie die fantastische Kulisse der Stadt, in die man nicht nur in der Innenstadt eintauchen kann, sondern auch in den anderen Stadtteilen Hamburgs. Die Stadt verbreitet nordische Gastfreundschaft und Ehrlichkeit, ein Spaziergang an der Alster ist ebenso schön, wie durch die moderne HafenCity mit ihrer Elbphilharmonie zu schlendern; Hamburg hat alles – Natur und Erholung genauso wie die Geschäftigkeit einer Großstadt, dazu kommt die Weite und Freiheit, die die Stadt mit Ihrer Hansegeschichte und dem Hafen ausstrahlt und verkörpert.

Mit fast 1,9 Millionen Einwohnern ist die Hansestadt nach Berlin die zweitgrößte Stadt Deutschlands und gehört wegen ihrer Sehenswürdigkeiten und dem ausgeprägten kulturellen Angebot zu einem der beliebtesten Reiseziele Deutschlands.

Für Sie habe ich einen Überblick über die Hamburger Geschichte geschaffen, gefolgt von einer näheren Betrachtung meiner Lieblingsstadtteile, inklusive ihrer kulinarischen Highlights und Einkaufsmöglichkeiten – hier habe ich auch Insider-Tipps für Sie versteckt. Hamburg hat ein großes und sehr gutes kulturelles Angebot, deshalb stelle ich Ihnen neben Geheim-Vorschlägen auch meine liebsten Museen, Hagenbecks Tierpark und andere Grünflächen der Stadt vor. Da der Hamburger Hafen, die Speicherstadt und die neue HafenCity die größten Touristenmagneten sind, werfe ich einen besonderen Blick auf diesen Teil der Stadt und stelle Ihnen einen Rundgang zusammen. Außerdem bekommen Sie von mir Übernachtungsvorschläge und Vorschläge, wie man sich in Hamburg am besten fortbewegt.

Von der Hansemetropole bis zur modernen Kunststadt

Die Anfänge der heutigen Hansestadt liegen im 9. Jahrhundert, bereits 832 gründet Papst Gregor IV. das Erzbistum Hamburg, damals noch bekannt unter dem Namen Hammaburg. Mit der Christianisierung, vor allem von 10. bis 12. Jahrhundert, kann der Grundstein für die Zukunft als Handelsimperium gelegt werden. Besiegelt wird die Zukunft der Stadt am 7. Mai 1189, als der deutsch-römische Kaiser Friedrich Barbarossa der Stadt Hamburg einen Freibrief für weitreichende handels- und stadtrechtliche Privilegien verleiht. So gilt das Jahr 1189 als Geburtsjahr des Hamburger Hafens und als Beginn des Aufstiegs Hamburgs zu einer der mächtigsten Hansestädte. Noch heute wird jedes Jahr Anfang Mai ein mehrtägiges Fest zum Hafengeburtstag ausgerichtet.

HAMBURG UND DIE HANSE

Die Hanse ist ein Städteverbund von seefahrenden Händlern, heute wissen wir von 194 Städten in 16 Ländern, die an dem Verbund beteiligt waren; es werden jedoch immer wieder neue Dokumente gefunden, die belegen, dass noch weitere Städte beteiligt waren, die heute nicht mehr als Hansestädte in Erinnerung sind.

Hamburgs Rolle in der Hanse war nicht nur der Export von Waren, vorwiegend Bier und Getreide, vielmehr war Hamburg ein wichtiger Umschlagplatz für das Ausland. So kann Hamburg im

Mittelalter verschiedene Kontor-Städte, also Handelsniederlassungen auch im Ausland, gewinnen, zum Beispiel Brügge, Amsterdam, aber auch Städte in Skandinavien und in Deutschland zählen dazu. Durch die Entdeckung Amerikas konnte die Hansestadt Hamburg ihre Vormachtstellung noch weiter ausbauen. Durch den Handel und mithilfe der Vereinigung der Hanse konnte Hamburg eine reiche Stadt werden. Voraussetzung hierfür war sicherlich die geografische Lage Hamburgs – gelegen an Elbe und Alster, zwei Flüsse, die für den Handel zu Wasser unabdingbar waren und es bis heute noch sind.

Über die Jahrhunderte hinweg kann Hamburg seinen in der Hochzeit der Hanse erworbenen Reichtum erhalten. Durch den Hafen kommen immer wieder neue Menschen und Waren in die Stadt, sie bleibt lebendig und entwickelt sich während des Kampfes gegen Piraterie, der Reformation und Hexenverfolgung immer weiter, bis wir schließlich die heutige Kunststadt Hamburg vor uns haben.

HAMBURG HEUTE

Heute ist Hamburg noch immer bekannt für seinen Hafen, der der größte Deutschlands und zweitgrößte Europas ist. Durchschnittlich laufen jährlich 13.000 Schiffe in den Hafen der Hansestadt ein, den Spitznamen "Tor zur Welt" trägt Hamburg also zurecht. Heute wie schon vor 500 Jahren kommen auf Schiffen in Hamburg Waren und Menschen aus aller Welt an.

Hamburg ist eine alte und von Geschichte geprägte Stadt, die ihren Weg in die Moderne gefunden hat. Das sehen Sie am besten in der nahen Umgebung des Hafens, genauer im Zusammenspiel von alter Speicherstadt und moderner Hafen-City. Die letzten Jahre ist hier eine Symbiose aus Alt und Neu entstanden, dazu kommen die Nähe zur Elbe, der Blick auf den Containerhafen, Cafés und Restaurants; das alles ergibt den besonderen Reiz, den Hamburg schon auf so viele Besucher ausüben konnte.

Ein Zusammenspiel von Altem und Neuem findet man in Hamburg häufiger, so zum Beispiel auch in den Deichtorhallen. Ursprünglich einmal der Berliner Bahnhof, später Deichtormarkt, bis sie schließlich, zum 800. Geburtstags des Hamburger Hafens im Jahr 1988, als Ausstellungsräume für internationale zeitgenössische Kunst und Fotografie umfunktioniert wurden. Heute sind die Deichtorhallen eines der bekanntesten Ausstellungshäuser für Kunst des 20. und 21. Jahrhunderts Europas.

Heute hat Hamburg mehr zu bieten als nur Wirtschaft, Hamburg gilt als Kunststadt, zu den bekanntesten Museen zählen sicherlich die eben genannten Deichtorhallen, auch das Museum für Kunst und Gewerbe und das Bucerius Kunst Forum, alle in der direkten Innenstadt gelegen. Aber auch abseits der Kunstmuseen hat Hamburg viel Kultur zu bieten. So gibt es zum Beispiel das Gängeviertel am Gänsemarkt, ein kleiner Raum in der Innenstadt, der die Zeiten überdauert zu haben scheint; die Architektur des Gängeviertels erinnert an alte Zeiten, es handelt sich um dicht aneinander gebaute Fachwerkhäuser, die dort vor etwa 300 Jahren gebaut wurden. Heute ist das Gängeviertel besonders bei Künstlern beliebt, es hat kleine Läden und Galerien in den Erdgeschossen der Häuser, definitiv einen Besuch wert.

Ist Ihnen eher nach etwas Natur, so können Sie ins Hamburger Treppenviertel im Stadtteil Blankenese bis an einen natürlichen Sandstrand der Elbe spazieren, und wenn Sie möchten, können Sie dort auch ins erfrischende Nass der Elbe springen. Mehr Natur gibt es im Hamburger Stadtpark, der im Sommer mit Open-Air-Konzerten überzeugen kann. Nicht zu vergessen ist selbstverständlich auch die Binnen- und Außenalster, die Sie, wenn Sie Zeit und Fitness mitbringen, zu Fuß, zum Beispiel ab Jungfernstieg, umrunden können.

Die moderne Hansestadt hat für alle Interessen etwas zu bieten, die Geschichte der Stadt und der Hanse ist äußerst spannend, es gibt tolle Museen, man ist immer in der Nähe des Wassers und Alt und Neu gehen interessante Verbindungen miteinander ein. Außerdem gibt es tolle Shoppingmöglichkeiten und die Möglichkeit, auch direkt in der Stadt in die Natur zu gehen.

In nur drei Wörtern: Hamburg, meine Perle!

Die Hamburger Stadtviertel, ihre Bewohner und Eigenarten

Hamburg ist eine stolze Stadt, die sich mit verschiedenen Idealen Identifizieren kann, und so sind auch die Hamburger Stadtteile zu verstehen. Jedes Viertel hat eine andere Persönlichkeit, so ist Ottensen zum Beispiel bekannt für seine Cafés und Bars, während

Blankenese als einer der schönsten und reichsten Stadtteile gilt.

Aus diesem Grund möchte ich Ihnen meine Lieblingsstadtteile vorstellen. Ich werde Ihnen Tipps für Lokale und das Shopping-Angebot geben, aber auch etwas zum Flair des jeweiligen Viertels erzählen.

EPPENDORF

Eppendorf hat Altbaucharme, Wasser und Grün und vor allem Lebensqualität. Das Viertel besticht durch seine aufwendig renovierten Gründerzeitbauten, viele Cafés und kleine Boutiquen. Das war allerdings nicht immer so, in den 1970er-Jahren, war Eppendorf ein beliebtes Studenten- und Ausgehviertel; außerdem siedelten sich hier einige Hausbesetzer und Künstler an – ein Haus in Eppendorf, zwischen Kellinghusenstraße und Eppendorfer Baum, ist bis heute besetzt. Auch interessant, der deutsche Hip Hopper Jan Delay wuchs in einem besetzten Haus in Eppendorf auf. Wie es häufig so ist, wo kreative Köpfe wohnen, dahin wollen alle anderen auch, und so hat Eppendorf seit den 1980er-Jahren eine recht drastische

Wendung durchlaufen und ist heute für seine herrschaftliche Etagenhausarchitektur, Porsche-Fahrer und Cornelia-Poletto-Lokale bekannt.

Ich bin immer gern in Eppendorf, es ist ein sehr gepflegter Stadtteil mit vielen Lokalen und netten kleinen Boutiquen. Außerdem hat das Viertel einen Kanal, Brücken und viel Grün. Es ist ideal, wenn Sie einen Tag, oder auch nur einen halben, bummeln und in Lokale einkehren möchten.

Anfang Juni findet in der größten Flanierstraße des Viertels, der Eppendorfer Landstraße, jedes Jahr das **Eppendorfer Landstraßenfest** statt, ein kleines Straßenfestival mit Liveperformances, viel und guter Gastronomie und Flohmärkten. Ein sehr nettes Ereignis, zu dem ich selbst gern gehe. Zusätzlich gibt es noch das **Holthusen Bad**, ein 1914 in Betrieb genommenes öffentliches Schwimmbad. Die Technik ist modernisiert, aber die Halle des Schwimmbeckens überzeugt noch heute mit ihrem Charme. Inzwischen hat das Bad auch ein Außenbecken sowie ganzjährige Wellness-Behandlungen.

Ebenfalls in Eppendorf gelegen ist eine Pionierleistung im Bereich der Medizin, im 19.

Jahrhundert wurde hier das Universitätskranken-haus Eppendorf (heute **Universitätsklinikum Eppendorf** – UKE) eingeweiht. Eine Pionierleis-tung wurde in dem Krankenhaus vollbracht, da es, zum Schutz vor gegenseitiger Infektion, 70 vonei-nander abgetrennte Pavillons für die Patienten gab. Auch heute noch ist das UKE als hochmo-derne Klinik bekannt.

Möchten Sie es mit Humor? Dann schauen sie in **Alma-Hoppes-Lustspielhaus** vorbei.

Meine Lieblingslokale in Eppendorf
Schramme 10 – Ein Lokal mit dem Flair eines Irish Pubs. Schramme 10 ist ein Überbleibsel des alten Eppendorf, man kann im Gastraum oder auch draußen in der Sonne Platz nehmen. Snacks in Form von einer Schale Nüssen bekommt jeder Gast, sollte Ihnen das nicht genügen, gibt es auch eine Speisekarte, in der sich einfache, aber sehr le-ckere Gerichte wie Bratkartoffeln mit Spiegeleiern finden.

Schramme 10 /Schrammsweg 10, 20249 Hamburg / Montag – Donnerstag: 15:00–02:00

Uhr, **Freitag – Samstag:** 12:00–04:00 Uhr, **Sonntag:** 12:00–02:00 Uhr

Bao Bao – ein fantastischer veganer Vietnamese. Das Besondere an diesem Lokal ist nicht nur die authentische vietnamesische Küche, sondern auch, dass alles biologisch und nachhaltig ist. Alle Zutaten der Gerichte finden Sie detailliert auf der Speisekarte, so kommen definitiv auch Allergiker auf ihre Kosten.

Bao Bao / Schrammsweg 12, 20249 Hamburg / Dienstag – Donnerstag: 11:30–22:00 Uhr, **Freitag:** 12:00–23:00 Uhr, **Samstag:** 16:00–23:00 Uhr, **Sonntag:** 12:00–23:00 Uhr

Lô Sushi and Asian Cuisine – Im Lô bekommen Sie außergewöhnliches Sushi und (warme) asiatische Gerichte. Das Lokal liegt gleich neben dem Holthusen Bad, nahe der U-Bahn-Haltestelle Kellinghusenstraße. Es besitzt einen großen Außenbereich, der vor allem durch die asiatische "Verschönerung" der Fassade des Gründerzeithauses, der das Lokal beherbergt, besticht. Auch innen verströmt das Restaurant ein asiatisches Flair, und das, ohne dabei kitschig zu wirken. Die

Wände sind verziert mit asiatischen Malereien und es ist viel dunkles Holz auf den zwei Sitz-Ebenen verbaut worden. Ein stilvolles und modernes asiatisches Restaurant. Besonders lecker finde ich die hausgemachten Eistees.

Lô Sushi and Asian Cuisine / Goernestraße 19, 20249 Hamburg / täglich 12:00–23:00 Uhr

Loewen – Das Loewen im Eppendorfer Weg, Ecke Löwenstraße – daher sein Name – ist ein Café, Restaurant und auch ein bisschen eine gemütliche Bar. Gelegen an einem Eckhaus hat es einen großen Außenbereich und einen verhältnismäßig kleinen Innenbereich; das macht aber nichts, da das Loewen vor allem bei gutem Wetter im Sommer bei den Eppendorfern beliebt ist. Es gibt fantastische Kuchen und Flammkuchen (besonders der mit Ziegenkäse, Birnen und Honig ist zu empfehlen), aber auch die anderen Gerichte auf der Karte lassen sich sehen. Außerdem gibt es eine wechselnde Wochenkarte.

Loewen / Eppendorfer Weg 264, 20251 Hamburg/ Montag – Samstag: 09:00–00:00 Uhr, Sonntag: 10.00–22:00 Uhr

Ich habe Ihnen hier nur eine sehr kleine Auswahl an Lokalen vorgestellt, ich habe mir Gedanken gemacht, welche Lokale ich am liebsten und häufigsten besuche, und habe Ihnen diese präsentiert. Falls Sie das Gefühl haben, dass nicht das Richtige für Sie dabei war, kann ich Ihnen versichern, dass Sie einfach ein bisschen durch Eppendorf spazieren können und schnell das richtige Café, Restaurant oder die richtige Bar für sich finden können. Eppendorf hat viele verschiedene Lokale und es findet sich für jeden das richtige Stammlokal.

Meine Lieblings-Einkaufsmöglichkeiten in Eppendorf

Kittel's – seit 2015 gibt es im Lehmweg ein Geschäft das "Feines aus Great Britain" verkauft. Die Fassade ist liebevoll mit Hand bemalt und erinnert dadurch an das 19. Jahrhundert. Auch innen ist das Geschäft ein wahrer Traum; beherbergt in einem Gründerzeithaus, hat das Geschäft einen wunderschönen alten Holzboden und verschiedene Räume, in denen wir Kunden uns umschauen dürfen; dabei ist es so eingerichtet, dass es fast so wirkt, als wäre man bei jemandem zu Besuch. Neben schön restaurierten Möbeln gibt es englische

Lebensmittel, Postkarten, englische Klamotten und allerlei Kleinkram, der sich auf Großbritannien bezieht.

Das Geschäft ist immer einen Besuch wert, ob ich etwas kaufen möchte oder nicht, eine Kleinigkeit kommt immer mit und ich freue mich immer über die schöne Umgebung und die netten VerkäuferInnen.

Kittle's Groceries and Delicatessen / Lehmweg 47, 20257 Hamburg / Dienstag – Samstag: 11:30–18:30 Uhr, Sonntag – Montag: geschlossen

Nordlys – Ein weiteres Geschäft, in dem Sie sich in einem anderen Land wähnen können, ist Nordlys in der Goernestraße. Das kleine Geschäft ist spezialisiert auf die dänische Lebensfreude und verstrahlt Hygge (also die dänische Gemütlichkeit) schon von außen. Das Geschäft ist sowohl Boutique als auch Café. Überall im Laden, zwischen Wohnaccessoires, dänischem Schmuck, buntem Geschirr und skandinavischer Mode, können Sie es sich gemütlich machen und bei einem Kaffee und Kuchen zur Ruhe kommen. Besonders zu empfehlen sind hier die dänischen

Zimtschnecken, einfach fantastisch – und sehr süß, wie es die Dänen eben mögen ... und ich auch.

Nordlys / Goernestraße 4, 20249 Hamburg / Dienstag – Freitag 11:00–19:00 Uhr, Samstag: 11:00–18:00 Uhr, Sonntag/Montag: geschlossen

Stories! die Buchhandlung – Eine der wohl schönsten Buchhandlungen überhaupt gibt es im Falkenried-Quartier in Hamburg Eppendorf. Das heißt, eigentlich gehört das Falkenried-Quartier schon in den Stadtteil Hoheluft, aber irgendwie ist es doch Teil von Eppendorf, weil die Grenzen der Stadtteile hier oft etwas verschwimmen. Das Falkenried-Quartier ist eine ehemalige Fahrzeugwerkstätte des Hamburger Verkehrsverbundes von 1890. Ab 1999 wurde das Gelände umgebaut und ist heute eine Mischung aus Stadthäusern, Laden- und Büroflächen und Wohnungen. Einst wohnten hier Rafael und Sylvie van der Vaart (heute Meis), heute wohnt Sylvie Meis zwar noch in Eppendorf, ist aber nach der Scheidung in die Eppendorfer Landstraße gezogen.

Nun aber zurück zu meiner liebsten Buchhandlung, Stories! Das Geschäft ist modern in

Grau- und Weiß-Tönen gehalten, seit die Besitzerin der Buchhandlung einen Hund hat, ist dieser auch oft im Geschäft, deshalb finden Sie rechts neben dem Eingang manchmal auch ein leeres Hundebett vor. Die Mitarbeiter sind äußerst freundlich und wenn es mal ein Buch nicht gibt, so kann es zum nächsten Werktag bestellt werden. Es gibt einen Lesesaal mit großem Tisch, auf dem die jeweils aktuellen Spiegel-Bestseller präsentiert werden, um den Lesesaal herum ist eine wunderbare, offene Wand geschaffen worden, auf der die Cover vorwiegend großformatiger Bücher im Mittelpunkt stehen. Stories! bietet außerdem Lesungen und das Abendbrot an: Ein Abend, an dem bei Wein und Schnittchen die Lieblingsbücher der Buchhändler vorgestellt und verkauft werden. Plätze für das Abendbrot zu bekommen, ist allerdings schwierig, sollten Sie an einem solchen Abend Interesse haben, dann ist es sinnvoll, sich vorab um einen freien Platz zu bemühen.

In **Hoheluft**, also dem Nachbarn Eppendorfs, gibt es zwei Imbisse, die ich Ihnen auch empfehlen möchte: Zum einen den **Eppendorfer Grill,** zum anderen **Doy Doy.** Beide sind im Eppendorfer

Weg zu Hause. Der Eppendorfer Grill ist ein Stück des alten Eppendorf und heute vor allem bekannt, weil dort "Dittsche" mit Olli Dittrich gedreht wurde; der Schauspieler lebt in Eppendorf und man trifft ihn ab und zu im Grill an, auch Bela B., der Schlagzeuger der Band Die Ärzte soll seine Bratwurst am liebsten im Eppendorfer Grill bestellen. Ein Stück weiter den Eppendorfer Weg hinauf, auf der anderen Straßenseite, liegt der Dönerladen Doy Doy, hier ist immer was los, es gibt Sitzplätze drinnen und draußen und einfach alles, was angeboten wird, schmeckt fantastisch! Außerdem sind die Mitarbeiter immer sehr freundlich und oft bekommt man einen starken türkischen Tee gratis zum Nachtisch.

Ich hoffe, mit ein paar Worten zur Geschichte und zum heutigen Eppendorf konnte ich Sie für diesen wunderbaren Stadtteil begeistern und dass Sie es schaffen, sich selbst von seiner Schönheit und den vielen kleinen Geschäften und Lokalen zu überzeugen. Eppendorf ist immer eine Reise wert.

OTTENSEN

Der Stadtteil Ottensen gehört zum Hamburger Bezirk Altona und so steigt man auch am einfachsten an der Haltestelle **Hamburg-Altona** aus, um direkt ins Herz Ottensens zu gelangen. Das Viertel ist, ähnlich wie es in anderen Stadtteilen Hamburgs ist, gezeichnet von Graffiti, Lokalen und Boutiquen. Ich würde sagen, es gibt eine gesunde Mischung von allem in Ottensen – junge Familien, Studenten, Migranten, Arm und Reich direkt nebeneinander. Ottensen bietet Vielfältigkeit, einen Zugang direkt zur Elbe, Villen und Altbaucharme, aber auch Grün und viele verschiedene kulturelle Angebote.

Früher war Ottensen bekannt für kleine Handwerksbetriebe, Schlachter und zwielichtige Bars, heute ist Ottensen eines der In-Viertel der Hansestadt. Ottensen hat eine der erfolgreichsten Bar- und Kneipen-Szenen Hamburgs, außerdem gibt es hier viele Cafés und Restaurants der unterschiedlichsten Art. Kurzum, Ottensen hat einfach alles, was das Herz begehrt. Und so kommt es auch, dass die Mietpreise in Ottensen in die Höhe geschnellt sind, die Altbauten inzwischen fast alle kernsaniert sind und viele Hamburger in Ottensen wohnen möchten.

Jedes Jahr findet in Ottensen **die altonale** statt, ein buntes Straßenfest, das bei allen beliebt ist. Es überzeugt vor allem durch die Vermarktung des kreativen Lifestyles Ottensens. Es gibt verschiedene Stände, an denen sich Umweltorganisationen und andere Projekte vorstellen, außerdem gibt es Livemusik verschiedener Stilrichtungen, es wird Kunst aus Ottensen ausgestellt, es gibt leckere Verpflegung und Getränke der ansässigen Lokale und vieles mehr. Die altonale ist immer einen Besuch wert und ein Jahr ist nie wie das nächste. Kultur ist in Ottensen sehr wichtig und beliebt, so gibt es bis heute **die Fabrik**, die deutschen Künstlern wie Udo Lindenberg und Otto Waalkes zu nationaler Bekanntheit verhalf. Außerdem gibt es regelmäßig **Indoor-Flohmärkte** zu verschiedenen Themen und einen **Indoor-Street-Food-Markt** im Winter.

Nicht zu vergessen, hat Ottensen neben dem **Altonaer Museum** gleich fünf Theater zu bieten; **das Altonaer Theater**, **das Junge Schauspielhaus**, **das Thalia** in der Gaußstraße, **das Hoftheater Ottensen** und **das Monsun-Theater**. Eines der schönsten Kinos liegt ebenfalls in Ottensen, das **Zeise Kino**. Es erinnert nicht nur durch seinen Namen an den ehemaligen Schiffsschrauben-Produzenten, sondern auch durch eine in den Boden eingelassene Schiffsschraube in der Immobilie, die einst Theodor Zeise gehörte.

Möchten Sie es Grün? Auch hier kann Ottensen punkten. Ottensen ist nah am **Elbstrand** gelegen. Außerdem können Sie oberhalb der Elbe, parallel zur Elbchaussee, durch einen langen Grünstreifen spazieren, der Grünstreifen setzt sich aus drei verschiedenen Parks zusammen, **der Rosengarten**, **der Donners Park** und **der Heine-Park**; das Schönste an diesem Spaziergang? Der fast uneingeschränkte Elbblick.

Meine Lieblingslokale in Ottensen
Knuth – Wahrscheinlich eines der bekanntesten und beliebtesten Lokale in Ottensen. Ob bei Sonnenschein oder Regen, Sommer oder Winter, das Knuth ist immer gut gefüllt und man muss manchmal etwas Geduld mitbringen, um einen Platz zu bekommen. Wenn man aber erst einmal sitzt und ein Bio-Rührei mit Vollkornbrot vor sich hat oder

23

den berühmten American Cheesecake, ist es alle Anstrengung wert gewesen. Was man im Knuth auch bestellt, es schmeckt! Das Personal ist freundlich, obwohl es immer viel zu tun hat und man kann hier leicht zwei Stunden vertrödeln.

Draußen gibt es kleine Bierbänke und dazu passende Tische, drinnen ist es einfach und zeitgemäß eingerichtet. Ich bin immer besonders begeistert von dem American Cheesecake, so viel Geschmack und dabei so zart, dass er im Mund zergeht, herrlich!

Achtung: Ab 15:00 Uhr ändern sich die Preise etwas.

Sollten Sie keinen Platz bekommen oder nicht warten wollen, gehen Sie einfach die Kleine Rainstraße (rechts vom Knuth) entlang, hier finden Sie noch mehr nette Lokale, oder einfach gegenüber ins Café Tarifa einkehren.

Knuth / Große Rainstraße 21, 22765 Hamburg / Montag – Donnerstag: 10:00–23:00 Uhr, Freitag & Samstag 10.00–24.00 Uhr, Sonntag: 10:00–20:00 Uhr

Pizzeria König – Wer in Ottensen essen gehen möchte, kann dies meistens auch in den vielen

Cafés, soll es aber eine authentisch italienisch sein, dann empfehle ich Ihnen die Pizzeria König in der Bahrenfelder Straße. Das kleine Restaurant überzeugt durch freundliches Personal – und natürlich durch fantastisches italienisches Essen. Das Restaurant ist klein, drinnen und draußen gibt es jeweils nur eine Handvoll Sitzplätze, aber ich hatte bisher nie große Probleme, einen Platz für zwei zu bekommen.

Die Speisekarte des Lokals ist recht kurz, aber dafür können Sie sich auf Qualität und Authentizität freuen. Die Pizzen sind knusprig, die Salate frisch und das Tiramisu ein Traum. Ich sitze sehr gern, wenn es zu kalt oder nass für einen Sitzplatz draußen ist, an der Tresen-Theke vor dem großen Schaufenster des Restaurants, so kann ich die Geschäftigkeit der Straße beobachten, während ich meinen Wein genieße.

Pizzeria König / Bahrenfelder Straße 98, 22765 Hamburg / täglich ab 17.00 Uhr – open End, Küche ist jeweils bis 22:00 Uhr geöffnet

Laundrette – Sind Ihnen die Klamotten ausgegangen? Dann schauen Sie unbedingt in der Laundrette vorbei! In der Ottenser Hauptstraße gelegen, ist die Laundrette ein witziger und einzigartiger Mix aus Waschsalon, Bar und Café. Im vorderen Bereich finden Sie Bar und Café, hinten können Sie sich um Ihre dreckige Wäsche kümmern. Wäsche waschen hat noch nie so viel Spaß gemacht! Wenn Sie Fußball mögen, ist Laundrette auch die richtige Wahl, regelmäßig werden hier die Spiele des FC St. Pauli, des HSV und der Champions League übertragen; außerdem ist Sonntagabend der Abend, an dem es gemütliches und gemeinsames Tatort-Gucken gibt. Wenn Sie "mehr Party" wollen, können Sie sich vorab online informieren, die Laundrette hat regelmäßig DJs zu Gast.

Zu den Eckdaten: Die Laundrette hat zehn Waschmaschinen und fünf Trockner, pro Waschgang zahlen Sie 3,50 Euro, Trocknen könne Sie bereits ab 1,00 Euro. Waschmittel kann für 0,50 Euro dazu gekauft werden. Wäsche können Sie täglich zwischen 10:00 und 18:00 Uhr waschen.

Laundrette / Ottenser Hauptstraße 56, 22765 Hamburg / Montag – Donnerstag: 10:00–00:00 Uhr, Freitag – Samstag: 10:00 – 02:00 Uhr, Sonntag: 10:00 – 00:00 Uhr

imoto Bar – Zuletzt möchte ich Ihnen noch eine Bar im klassischen Sinn vorstellen. Das Lokal ist nur einen Katzensprung vom Bahnhof Altona in der Bahrenfelder Straße zu Hause. Wenn Sie richtig feiern wollen, gern kickern und das nicht in einer von Touristen überlaufenen Lokalität, dann ist das imoto genau das Richtige für Sie. Die Bar hat einen tollen Tresen, gemütliche Sitzmöglichkeiten und eine Kicker-Lounge im Untergeschoss. Hier ist immer was los und die Bar ist nur zu empfehlen, wenn Sie die Ruhe scheuen; wenn Sie sich aber für einen lauten Abend in Ottensen entscheiden, dann ist das imoto die richtige Location! Neben der festen Getränkekarte bietet die Bar einen täglich wechselnden imoto-Liebling an, die Getränke reichen von Kaffeespezialitäten über Longdrinks und Cocktails bis hin zu sechs verschiedenen Biersorten.

Wenn Sie Kicker-Meister sind, informieren Sie sich vorab, ob gerade ein Kicker-Turnier stattfindet. Auch gut zu wissen, das imoto kann für private Feiern gemietet werden.

imoto Bar / Bahrenfelder Straße 206, 22765 Hamburg / täglich ab 17:00 Uhr

Meine Lieblings-Einkaufsmöglichkeiten in Ottensen

B.Sweet – Eine Dessous-Boutique, die Schokolade aus aller Welt verkauft, was für eine Mischung! Sie finden in B.Sweet Pralinen, Tafelschokolade, Macarons, Schokolade in Herzform und wunderschöne Dessous. Sowohl die Schokolade als auch die Unterwäsche ist von hoher Qualität. Ich finde die Mischung aus Schokoladen- und Unterwäschegeschäft sehr gelungen und komme gern zum Stöbern und Naschen vorbei.

B.Sweet / Ottenser Hauptstraße 42, 22765 Hamburg / Dienstag – Freitag: 12:00–18:00 Uhr, Samstag: 11:00–15:00 Uhr, Sonntag – Montag: geschlossen

Die Patisserie – Ein Stück Frankreich in Ottensen! Schon seit 2015 gibt es die Patisserie in der Bahrenfelder Straße in Ottensen. Nicht nur das französisch angehauchte Interieur erinnert an Frankreich, auch der Geruch nach frisch gebackenen Leckereien lässt Sie sich für einen Moment in Frankreich wähnen. Die Bäckerei gehört einem deutsch-französischen Paar, alles wird selbst gebacken und es wird auf Qualität geachtet, und das schmeckt man! Besonders schön finde ich, dass man durch die Vitrine des Verkaufsbereiches den Bäcker, oder Patissier, beim Kreieren der französischen Köstlichkeiten sehen kann. Besonders die Croissants und die Tarte au citron kann ich Ihnen empfehlen. Köstlich!

Die Patisserie / Bahrenfelder Straße 231, 22765 Hamburg / Montag – Freitag: 07:30–18:00 Uhr, Samstag: 07:30–17:30 Uhr, Sonntag: 08:00–16:00 Uhr

OAK Store – Oak, zu Deutsch Eiche, ist das Holz, aus dem der Dielenboden des Geschäftes gemacht ist. Dies haben die Eigentümer sich zunutze gemacht, denn das Geschäft verkauft nationale und internationale Street Fashion für Männer und Frauen. Sie finden hier aber auch Schuhe, Accessoires und Naturkosmetik. Das Innere des Geschäftes ist modern und schlicht gehalten, passend zu der konventionellen und fair gehandelten Mode, die verkauft wird. Ein gelungener Laden, auch wenn Sie "nur rumgucken" möchten.

OAK Store / Bahrenfelder Straße 130, 22765 Hamburg / Montag – Freitag: 11:00–

20:00 Uhr, Samstag: 10:00–18:00 Uhr, Sonntag: geschlossen

Heimat – Ein Geschäft, das vor allem bei Touristen beliebt ist, aber auch Hamburger schauen gern vorbei, einfach, weil es so schön ist! Heimat überzeugt nun schon seit über 14 Jahren mit individuellem und wirklich schönem Hamburger Merchandise, bzw. Hamburger Souvenirs. Sie finden hier tolle Bücher über Hamburg und seine Stadtteile, Schlüsselanhänger aus Filz, Postkarten aus Holz, Kunst von Ottenser Künstlern und vieles mehr. Das Heimat ist ein individueller und toller Laden, in dem es einfach Spaß macht, zu stöbern, und in dem Sie immer wieder neue Unikate finden können.

Heimat / Große Brunnenstraße 70, 22763 Hamburg / Dienstag: 11:00–15:00 Uhr, Mittwoch – Freitag: 12:00–18:00 Uhr, Samstag: 11:00–15:00 Uhr, Sonntag – Montag: geschlossen

Noch nicht das Richtige dabei gewesen? Keine Angst, Ottensen lädt zum Bummeln ein, Sie finden hier unterschiedliche Geschäfte, von

Elektrohandel zu Goldschmiede-Ateliers bis hin zum **Einkaufszentrum Mercado**, das bekannte Shops wie H&M oder Bijou Brigitte beherbergt. Außerdem gibt es im Mercado eine Auswahl an Street-Food-Ständen, ideal, wenn es mal regnerisch ist und es mit dem Essen schnell gehen soll. Die Vielfalt Ottensens lässt sich so einfach genießen.

ALT- UND NEUSTADT

Weil die meisten Stadtteile mehr oder weniger ineinander abgeschlossen sind, haben wir Hamburger keine Not, in die Innenstadt zu fahren. Das hält uns aber natürlich nicht davon ab, es trotzdem zu tun, wo Hamburg doch so eine malerische Innenstadt, bestehend aus Alt- und Neustadt, hat. Zur Hamburger **Altstadt** zählt das **Rathaus**, die vielen Gassen und Brücken bis runter zur Elbe und die **Speicherstadt**. Als **Neustadt** gilt alles zwischen **Jungfernstieg** und **Laeiszhalle**, dort finden Sie Geschäfte bekannter Modedesigner und Kunstgalerien, aber auch Modeketten wie Zara und H&M haben hier ein Zuhause gefunden.

Da Alt- und Neustadt so viele Sehenswürdigkeiten hat, die ich Ihnen gern vorstellen möchte, habe ich mich dazu entschieden, Ihnen die einzelnen, für mich wichtigen Sightseeing-Punkte in sinnvoller Reihenfolge zum Nachlaufen vorzustellen.

Neustadt

Sie beginnen Ihren Rundgang am **Hamburger Hauptbahnhof**, von hier aus gehen Sie über die **Mönckebergstraße**, eine der großen Hamburger Einkaufsstraßen in Richtung des **Rathauses**. Wenn Sie den **Rathausmarkt** überqueren, unter den Promenaden rechts durchgehen, finden Sie sich am **Jungfernstieg**, der schon seit Oktober 2020 Auto-frei ist, wieder. Hier finden Sie hanseatische Lebensart. Wie an vielen Orten in Hamburg herrscht auch hier eine gesunde Mischung aus gediegenen und modernen Geschäften, und das gleich neben der Binnenalster; die im Sommer eine große Fontäne, im Winter durch einen großen Tannenbaum geschmückt wird. Besonders viel zu sehen gibt es während des viertägigen Straßenfestes **Alstervergnügen**, das jährlich Ende

August beziehungsweise Anfang September stattfindet.

Ebenfalls am Jungfernstieg zu Hause ist das
Alsterhaus, das 1912 als großes Kaufhaus ge-
gründet bis heute die Hamburger wie auch Touristen anzieht. Möchten Sie in Glanz und Gloria
shoppen? Dann ist der **Neue Wall** die richtige
Adresse für Sie. Folgen Sie der teuren Shopping-
meile etwa bis der Fleet (das kleine Wasser parallel
zum Neuen Wall) in die Kleine Alster mündet –
dort finden Sie die **Alsterarkaden**: Architektur,
die an die italienische Renaissance erinnert, und
einen einzigartigen Blick auf das Hamburger Rathaus. An der Ecke Stadthausbrücke/Neuer Wall
finden Sie auch das **Stadthaus**, in dem bis 1943
das Hamburger Polizeipräsidium beherbergt war,
heute finden Sie hier die neu entstandenen **Stadthöfe**. In den Stadthöfen befinden sich mehrere
Restaurants mit Spezialitäten aus aller Welt, was
soll es sein? Eine Currywurst, Pizza, Burger, In-
disch oder doch etwas Asiatisches? Sie haben die
Wahl. Wenn Sie nur einen kurzen Zwischenstopp
machen möchten, empfehle ich Ihnen den ansässigen Bioweinhandel, bei dem auch ein Gläschen
getrunken werden kann, dazu gibt es Salzmandeln

und schwarze Oliven. Eine Oase mitten in der Stadt! Interessieren Sie sich für Geschichte? Das Stadthaus hat eine spannende Geschichte und ist heute NS-Gedenkstätte, es finden immer wieder Touren und andere Informationsveranstaltungen statt.

Gehen Sie nun am besten durch den Ein-/Ausgang der Stadthöfe, der Sie in die **Große Bleichen** entlässt. Möchten Sie nach der Stärkung ein wenig shoppen? Sie befinden sich noch immer in einem Mode-Luxus-Quartier; möchten Sie Designer-Labels zu erschwinglichen Preisen, empfehle ich Ihnen **Secondella**, eine große Secondhand-Boutique in einer Seitenstraße der Großen Bleichen. Um in die **Hohe Bleichen** und zu Secondella zu kommen, müssen Sie nur einmal aus den Stadthöfen heraus und schräg links über die Straße gehen, die Boutique sollten Sie schon von der anderen Straßenseite sehen können. Nach einer kleinen Shoppingexkursion folgen Sie der Straße, bis Sie rechts in die ABC-Straße abbiegen können. So gelangen Sie an den Hamburger **Gänsemarkt**. Die Bebauung des Areals begann im 17. Jahrhundert. Ab dem 18. Jahrhundert setzt sich der Name "Gänsemarkt" durch, das kommt vermutlich von den

Gänsen, die damals über den Markt zum Dammtor getrieben wurden. Der Gänsemarkt biete verschiedene Shoppingmöglichkeiten, Sie nutzen ihn heute aber, um "in die Gänge zu kommen", überqueren Sie den Markt und biegen Sie in den **Valentinskamp** ein, auf der linken Seite liegt das **Gängeviertel**.

Das Hamburger Gängeviertel ist heute bekannt als Künstlerquartier. Es ist nur noch teilweise erhalten, besonders am Valentinskamp/Caffamacherreihe finden Sie die größten erhaltenen Teile des Viertels. Aufgrund des schlechten hygienischen Standards wurde das Viertel, das sich noch bis ins frühe 20. Jahrhundert bis zum Hafen zog und Arbeiterfamilien ein Zuhause gab, nach und nach abgerissen; zuletzt gab es in den 2010er-Jahren Debatten, auch die letzten Reste des Viertels abzureißen, zum Glück konnte das Viertel erhalten werden und wird nun nach und nach saniert. Wenn Sie durch das Gängeviertel mit seinen Galerien und Künstlerateliers geschlendert sind, finden Sie sich nicht unweit des Botanischen Gartens **Planten un Blomen** wieder. Ein großer Park, der auf einem Teil der ehemaligen Hamburger Wallanlagen angelegt wurde. Hier finden Sie einen Rosengarten, Wasser, eine Wiese zum Entspannen, Gewächshäuser und vieles mehr. Ideal, wenn Sie ein bisschen Erfrischung und Natur vom Städtetrip möchten!

Von Planten un Blomen ist es nur ein Katzensprung zum **Bahnhof Dammtor**, hier können Sie in eine Bahn steigen und wieder Richtung Altstadt fahren.

Altstadt

Für den Altstadt-Spaziergang mit viel historischem Flair empfehle ich Ihnen, am **Rathaus** zu beginnen. Das Rathaus beherbergt die Hamburger Bürgerschaft und den Senat. Sie können direkt durch das Rathaus laufen, in den Innenhof, hier finden Sie den **Hygieia-Brunnen**, auf der Spitze des Brunnens sehen Sie Hygieia, Göttin der Gesundheit, die auf einen Drachen tritt und ihn bezwingt; der Drache versinnbildlicht hier die Choleraepidemie von 1892, die mehr als 8.000 Hamburger das Leben kostete. Gehen Sie links wieder aus dem Innenhof und biegen Sie in die Straße Börsenbrücke, weiter zur Brücke **Trostbrücke**, ein. Auf der Brücke befinden sich zwei Statuen, die symbolisch Neustadt und Altstadt repräsentieren. Auf der einen Seite finden Sie hier Graf Adolf III., auf der anderen Seite den heiligen Ansgar, den ersten Erzbischof Hamburgs. Nach Überquerung der Brücke blicken Sie auf die Ruinen der **Kirche St. Nikolai**. Zum ersten Mal zerstört wurde die Kirche während des großen Brandes von 1842, anschließend wurde die Kirche wiederaufgebaut. Ein zweites und letztes Mal wurde St. Nikolai im Zweiten Weltkrieg zerstört; nach dem Krieg entschied man sich dafür, die Ruine als Mahnmal und Erinnerungsort für Opfer von Krieg und Gewaltherrschaft zu erhalten. Der erhaltene Kirchturm ist gute 150 Meter hoch und beherbergt ganz oben eine Aussichtsplattform; wenn Ihnen Höhen nichts ausmachen, empfehle ich Ihnen einen Aufstieg, die Belohnung ist ein fantastischer Blick über Hamburg.

Von St. Nikolai gehen Sie über den **Hopfenmarkt**, der früher zur Lagerung des Ertrages der Vierlande-Bauern war. Auf dem Markt finden Sie heute den **Vierländerin-Brunnen**, der an die Bauern der Vierlande erinnern soll. Biegen Sie jetzt links in Richtung Willy-Brandt-Straße ab, auf der anderen Seite finden Sie die **Deichstraße** –

die Gasse, in der im Jahr 1842 der große Brand aus-
brach. Trotz des Unglückes konnten ein paar Häuser der Gasse die Jahrhunderte überstehen und
zählen heute zu den ältesten Gebäuden Hamburgs.
Definitiv einen Besuch wert! Am Ende der Deichstraße erhaschen Sie bereits einen Blick auf die
Speicherstadt und die Flussschifferkirche. Überqueren Sie nun die Straße und den Binnenhafen,
so befinden Sie sich schon in der Hamburger **Speicherstadt**.

Ich rate Ihnen, einfach durch die Speicherstadt
zu schlendern, Sie finden hier viele Museen zum
Thema Hamburger Geschichte und Hanse, wie
zum Beispiel die Museen: das **Chocoversum by
Hachez**, der **Genuss Speicher**, das **Spei-
cherstadtmuseum** und **Spicy's Gewürzmu-
seum**, aber auch das **Internationale Maritime
Museum Hamburg** finden Sie hier. Zudem gibt
es einige Cafés, Restaurants und Geschäfte. Von
der historischen Speicherstadt geht es nahtlos in
die moderne **HafenCity**. Auch hier kann ich
Ihnen nur empfehlen, zu schlendern und die moderne Architektur auf sich wirken zu lassen. Hier
finden Sie auch das **Unilever Haus**, in dem es im
Erdgeschoss ein Lokal mit Blick auf die Elbe gibt.

Hier unten legen außerdem Kreuzfahrtschiffe an, ein Ereignis, das immer wieder spannend zu beobachten ist.

Wenn Sie sich für Schiffe interessieren, schauen Sie im **Sandtorhafen** in der HafenCity vorbei, hier liegen immer tolle Segelschiffe. Von hier aus sind es nur noch ein paar Schritte, bis Sie sich vor der **Elbphilharmonie** befinden. Das Hamburger Konzerthaus wurde während seines Baus viel besprochen, heute ist der Bau abgeschlossen und die Hamburger lieben ihre "Elphi". Da der Ansturm auf die öffentliche Plaza so groß war (und immer noch ist), kostet ein Ticket auf den "Balkon der Elphi" momentan 2 Euro – das Ticket kann online oder vor Ort gelöst werden. Ich kann einen Besuch der Plaza nur empfehlen, die Architektur ist einzigartig, der Ausblick fantastisch und es gibt ein Lokal mit Blick über den Hafen.

Nach dem Verlassen der Elbphilharmonie gehen Sie in Richtung **Kehr Wieder Spitze**, der Ort, an dem Frauen ihre seefahrenden Männer verabschiedet haben, weiter über die Niederbaumbrücke, links in Richtung **Landungsbrücken** und Hamburger Hafen. An den Landungsbrücken finden Sie verschiedene historische Schiffe, die heute Museum, Restaurant oder Escape-Room sind. Hierzu zählen die **Cap San Diego**, das **Feuerschiff** und die **Rickmer Rickmers**. Von hier aus können Sie immer weiter geradeaus laufen, bis Sie am **Schellfischposten** ankommen – dem Lokal, in dem Inas Nacht aufgenommen wird. Oder Sie biegen auf Höhe der S-/U-Bahn Landungsbrücken rechts ab und Sie sind innerhalb von Minuten auf der **Reeperbahn** in St. Pauli.

Etwas weiter Richtung HafenCity können Sie ins **Portugiesenviertel** abbiegen, hier finden Sie viele Restaurants, Büros und eine gewisse Ruhe vor dem Großstadttrubel. Nicht zu vergessen, finden Sie hier den Hamburger Michel, also die **Kirche St. Michaelis**, deren Kirchturm Sie schon vom Hafen aus bewundern konnten. Da der Michel so eine beliebte Touristenattraktion ist, wird ein kleines Entgelt für den Eintritt verlangt, auch das Besteigen des Turmes kostet etwas. Doch es lohnt sich, der Michel wurde seit seiner Erbauung 1660 dreimal zerstört, das erste Mal durch einen Blitzschlag, das zweite durch ein Feuer, das dritte Mal war durch den Zweiten Weltkrieg verschuldet. Heute erblüht der Michel wieder in seiner barocken Glorie und Restaurierungen werden zu großen Teilen durch Spenden finanziert.

Unweit des Michels finden Sie den Krayenkamp, dort finden Sie Hamburgs **älteste Reihenhaussiedlung**, die **Kramer-Witwen-Wohnung** oder Krameramtsstuben. Die Fachwerkhäuser wurden zwischen 1620 und 1700 erbaut und sind (teilweise) Außenstelle des Hamburger Museums – die Wohnungen sind im Stil der 1850er-Jahre eingerichtet. Ich empfehle Ihnen, den Tag in einem der zahlreichen Lokale im Portugiesenviertel ausklingen zu lassen. Die Lokale sind meist von Hamburgern aus der Nachbarschaft oder von Büroangestellten frequentiert, das Viertel ist kein Touristenviertel und dies sieht man auch an der Gastronomie.

Weitere Stadtteile, die Sie gesehen haben müssen

Nun habe ich Ihnen bereits vier meiner liebsten Stadtteile vorgestellt und doch gibt es so viel mehr, was Sie sehen sollten. Deshalb habe ich mich dazu entschieden, Ihnen hier noch ein paar weitere Stadtteile vorzustellen.

ST. PAULI UND DIE STERN-SCHANZE

St. Pauli ist der vielleicht bekannteste Stadtteil Hamburgs. Bekannt für seine **Reeperbahn** mitsamt seinen leichten Mädchen ist der Stadtteil heute doch so viel mehr. So steht zum Beispiel das höchste Gebäude auf St. Pauli, außerdem ist hier eine der größten Parkanlagen der Stadt angelegt, denn ein Teil des botanischen Gartens Planten un Blomen liegt auf St. Pauli.

St. Pauli beherbergt die Amüsiermeile der Hansestadt, die ist bunt und voller Lichter und es macht Spaß, die Straße entlangzulaufen, das Anderssein und das Alternative zu sehen. Neben dem offensichtlichen Gewerbe, für das die Reeperbahn seit vielen Jahren bekannt ist, hat die Meile auch viel Kultur zu bieten. Besonders bekannt ist der Transvestit **Olivia Jones**, sie gibt regelmäßig Touren über den Kiez und hat auf der Reeperbahn einen Stripclub für Frauen eröffnet. Aber auch, wenn Sie nach der Unterhaltung eines Theaters suchen, kommen Sie auf St. Pauli auf Ihre Kosten. Musicals laufen im **Operettenhaus** gleich neben den **tanzenden Türmen**, einem Bürogebäude des bekannten Hamburger Architekten Hadi Teherani. Ist Ihnen eher nach Kabarett, dann finden Sie das Richtige im **Schmidts Tivoli** oder dem **St. Pauli Theater** am Spielbudenplatz, Krimi-Theater finden Sie im **Imperial Theater**. Für Konzerte auf der Reeperbahn ist die **Große Freiheit 36** zuständig. Die Große Freiheit ist eine Seitenstraße der Reeperbahn, bekannt nicht nur für die Location in der Nummer 36, sondern auch für die Kirche, die umringt ist von Nachtclubs.

Auch ein Wachsfigurenkabinett kann die Reeperbahn aufweisen, mit dem **Panoptikum** können Sie nicht nur Stars hautnah sehen, auch Wachsmodelle von Hautkrankheiten aus dem 19./20. Jahrhundert finden Sie hier. Selbstverständlich können Sie auch in einem der zahlreichen Clubs der Reeperbahn die Nacht zum Tag machen, ich empfehle das **Moondoo**, oder den **Neidklub**; auch in einer der zahlreichen Bars können Sie Spaß haben – und meistens auch tanzen, wenn auch in kleinerem Ausmaß als in einem Club. Selbstverständlich finden Sie während eines Abends auf der Reeperbahn auch Stripclubs, Bordelle und viel nackte Haut.

Im Winter findet der **Santa Pauli** statt, ein Weihnachtsmarkt, der (teilweise) erst ab 18 Jahren betreten werden darf. Der Weihnachtsmarkt ist zentral auf der Reeperbahn am Spielbudenplatz verankert.

Jeden Sommer findet das **Reeperbahn Festival** statt, ein Musik-Event mit internationalen Künstlern, die an verschiedenen Spielstätten in und um die Reeperbahn herum spielen. Außerdem hat St. Pauli den **Schlagermove**, der jährlich etwa 500.000 Menschen anlockt. Wo ich Ihnen gerade von Musik-Events erzähle: Einst hatte die Reeperbahn den **Star Club**, der Ort, an dem die Beatles ihre Karriere begannen. Heute erinnert in der Großen Freiheit 39 nur noch ein Gedenkstein an den einstigen Club, die Beatles bekamen ein eigenes Denkmal in Form des **Beatles Platzes**. Der Platz befindet sich gleich am Ausgang "Reeperbahn" der S-Bahnlinie 1. Hier befindet sich auch die **Astra Bar**, Astra ist das Kult-Bier Hamburgs und ein Besuch in der Bar ist immer ein Spaß. Wenn Sie nicht sicher sind, welches Bier Sie am liebsten trinken, kein Problem, in der Astra Bar können Sie sich ein Tablett mit allen Bieren in Probiergröße bestellen und gutbürgerlich essen.

Nördlich der Reeperbahn durch einige Seitenstraßen, viele davon beherbergen gute Cafés und Restaurants, finden Sie sich am **Heiligengeistfeld** wieder. Der Ort, an dem dreimal im Jahr der **Hamburger Dom**, das größte Volksfest des Nordens, stattfindet. Der Dom ist immer ein Spaß, es gibt verschiedene Fahrgeschäfte und Attraktionen und das gleich neben der Reeperbahn und dem Zuhause des 1. FC St. Pauli, dem **Millerntor-Stadion**. Ebenfalls am Heiligengeistfeld gelegen befindet sich ein Hochbunker, der einst Zufluchtsort für viele tausend Menschen war. Heute kennen wir den Bunker unter dem Namen **Medienbunker**, er ist Heimat für verschiedene Film- und Musikunternehmen, aber auch Konzerte finden hier im vierten Stock, im **Uebel & Gefährlich** statt. Derzeit wird der Bunker renoviert.

Wir befinden uns nun an der Feldstraße, wenn Sie diese überqueren, kommen Sie in das Karolinenviertel, das mit dem **Heinrich-Hertz-Turm** (279,20 Meter) Hamburgs höchstes Gebäude beherbergt. Das Viertel ist ein lebendiger Stadtteil, beheimatet viele Boutiquen, Cafés und Bars. Das Restaurant **Gefundenes Fressen**, eröffnet von der Hamburg Rap-Legende **Samy Deluxe**, befindet sich ebenfalls im Karolinenviertel.

Das Karolinenviertel kann als Übergang zwischen Reeperbahn und Sternschanze verstanden werden.

Die **Sternschanze** ist ein Stadtteil im Umbruch, besetzte Häuser stehen neben kernsanierten Luxusimmobilien. Und so ist das Leben hier auch, in der Schanze ist das Leben alternativ, es gibt schon lange viele Lokale, die ökologische und vegane Kost anbieten. An der Flohschanze, an der alten **Rindermarkthalle,** gibt es wöchentlich einen der ältesten Flohmärkte der Stadt, außerdem hat der Stadtteil die **Brauerei Ratsherrn**, das Bier schmeckt gut und es gibt regelmäßig Führungen durch die Brauhöfe, die sich in den **Schanzenhöfen** befinden. Außerdem gibt es in den Schanzenhöfen verschiedene Bars und Bierfeste. Nicht zu vergessen, ist die Sternschanze das Zuhause der **Roten Flora**, ein autonomes Kulturzentrum in besetztem Haus, in dem Konzerte und Partys stattfinden.

ST. GEORG

St. Georg ist bekannt für seine große Schwulen- und Lesben-Szene, die Lange Reihe und kulturelle Vielfalt. Gelegen ist der Stadtteil gleich hinter dem Hauptbahnhof, Sie müssen nur am **Jungen Schauspielhaus** vorbei auf der rechten Seite einbiegen und schon stehen Sie in der **Langen Reihe**, dem Herzstück St. Georgs. Aber nicht nur dieser Teil des Viertels, das bekannt ist für seine Diversität und Offenheit, gehört zu St. Georg, nur eine Parallelstraße von der Langen Reihe entfernt finden Sie sich in einer gediegenen und sehr teuren Adresse wieder, der Außenalster. Herrlich zum Spazieren, Joggen, Radeln oder einfach zum Entspannen. Das Zusammenspiel aus Arm und Reich sieht man in Hamburg oft, in St. Georg sorgt es aber für eine besondere Identifikation mit dem eigenen Wohnviertel.

In der Lange Reihe reihen sich Lokale und Geschäfte aneinander und bilden ein einzigartiges Lebensgefühl. Es ist schwierig, Ihnen hier nur ein oder zwei Lokale zu empfehlen, denn eigentlich sind alle in ihrer Individualität gut; deshalb schlage ich vor, Sie gehen die Straße auf und ab und Sie entscheiden sich dann für das passende Lokal. Übrigens lebte in Hausnummer 71 Hans Albers, einer der bekanntesten Hamburger, auch heute leben hier in der Langen Reihe noch Bekanntheiten wie Ina Müller.

Ein weiteres witziges Detail ist die **Ampel** an der Ecke Kirchenallee/Lange Reihe – die Ampel, wenn Sie vom Bahnhof aus in die Lange Reihe einbiegen –, denn hier ist nicht ein einzelnes Ampelmännchen zusehen, sondern auf der einen Seite ein lesbisches Paar, auf der anderen ein schwules Paar. Ein nettes Detail, das zeigt, wie hochgeschätzt St. Georg in Hamburg ist.

Aber Achtung: Nicht ganz St. Georg ist so lebendig und schön wie die Lange Reihe, in so manchen Seitenstraßen finden sich schäbige Sex-Kinos und (illegale) Prostitution, auch Drogenverkauf und -konsum ist in St. Georg ansässig. Ich möchte nicht, dass Sie diese Problematik abschreckt, in St. Georg einzutauchen, der Stadtteil ist toll und sicher und hat sich über die letzten Jahre weiter gebessert, aber es ist doch notwendig, es zu erwähnen.

Mögen Sie Filme im Originalton? Dann empfehle ich Ihnen das **Savoy** Kino am Steindamm.

Von der Langen Reihe gelangen Sie über den **Hansaplatz** – ein Ort, der sich als Paradebeispiel des Nebeneinanders von Arm und Reich in Hamburg eignet –, in den Steindamm, einmal die Straße überqueren und schon sind Sie da. Das Kino zeigt sowohl Blockbuster als auch Filmklassiker. Es ist sinnvoll, sich im Vorhinein über das Programm zu informieren, da das Kino nur einen Saal hat; dafür aber mit Liegesitzen. Was für ein Luxus!

Nun stehe ich vor dem gleichen Problem wie schon zuvor, es gibt natürlich so viel mehr zu erzählen und so viel mehr Stadtteile, von denen ich Ihnen erzählen möchte. Ich denke aber, dass ich mit den vorgestellten Stadtteilen einen guten Überblick über Hamburg schaffen konnte. Die Stadt ist geprägt von Gegensätzen, Offenheit und kleinen Schnacks, also kleinen netten Gesprächen, mit verschiedenen Menschen.

Jetzt wird's grün

Neben den einzelnen Stadtteilen und dem urbanen Flair hat Hamburg auch viel Grün zu bieten. Da wäre zum Beispiel der Zoo, Hagenbecks Tierpark und Aquarium, der Stadtpark, die Außenalster, der Elbstrand und der Friedhof Ohlsdorf.

Hagenbecks Tierpark wird am 7. Mai 1907 als erster gitterloser Zoo der Welt eröffnet. Das Prinzip der naturnahen Tierhaltung lässt sich Carl Hagenbeck sogar patentieren und bis heute ist der Tierpark in privater Hand der Familie Hagenbeck. Heute ist Hagenbeck ein beliebtes Ausflugsziel für Jung und Alt. Neue Attraktion ist inzwischen nicht mehr das 2007 eröffnete Aquarium, sondern das 2012 eröffnete Eismeer. Während das Aquarium sich in schönen Kulissen mit exotischen Wasserbewohnern, wie Muränen, Schlangen oder Höhlenfischen, auseinandersetzt, ist das Eismeer für Tiere der Arktis ausgelegt. Hier sind Eisbären, Seebären, Pinguine und Walrosse zu Hause. Das Tolle hierbei ist, das man die Tiere nicht nur von außen beobachten kann, sondern auch durch ein großes Haus unter das Wasser blicken kann. Im Haus folgen Sie einem vorgezeigten Weg, Sie spüren, dass es immer kühler und kühler wird, bis Sie sich schließlich neben Kaiserpinguinen wiederfinden. Die Pinguine leben im kalten Inneren des Gebäudes und sind definitiv ein Zoo-Highlight.

Kurzum, Hagenbeck hat immer was zu bieten, es gibt einen Streichelzoo, außerdem dürfen Hühner, Pfauen und andere kleinere Tiere sich im Zoo frei bewegen und sorgen oft für Aufregung bei Besuchern.

Der **Hamburger Stadtpark** kann für mich vor allem durch seine Open-Air-Konzerte im Sommer punkten. Entweder Sie kaufen sich ein Ticket für das Konzert oder Sie bringen sich eine Picknickdecke und Getränke mit und genießen die

Musik "hinter der Hecke". Hierher kommen Weltstars wie Sting, Zucchero oder Billy Idol. Der Stadtpark eignet sich aber auch hervorragend für Sport, es gibt regelmäßig stattfindende Sportveranstaltungen im Freien. Ein Ort zur Erholung in der Großstadt.

Mit dem **Elbstrand Övelgönne** hat Hamburg seinen eigenen und natürlichen Sandstrand, direkt an der Elbe. Mit der **Strandperle** hat der Strand außerdem eine sehr beliebte Bar. Hierher können Sie zu jeder Tageszeit, am schönsten ist es natürlich, wenn die Sonne scheint, der Bikini unter den Klamotten steckt und Sie per Fähre von den Landungsbrücken nach Neumühlen/Övelgönne fahren. Bis zum Strand sind es so nur knapp zwei Minuten zu Fuß. Ebenfalls ein Highlight: Es ist erlaubt, in der Elbe schwimmen zu gehen. Im Anschluss können Sie, vorausgesetzt Ihnen ist nach einem Spaziergang, nach Altona beziehungsweise Ottensen laufen oder Sie kehren noch ins **Süßwasser**, ein Restaurant mit Blick auf den Hamburger Containerhafen.

Zuletzt kann ich Ihnen noch den **Friedhof Ohlsdorf** empfehlen. Der Friedhof im Stadtteil Ohlsdorf ist eine wunderschöne Parkanlage mit

Mausoleen, Kapellen und Grabsteinen, mit seiner gut 391 Hektar großen Grundfläche ist er der größte Parkfriedhof der Welt. Bisher liegen hier 1,4 Millionen Hamburger beerdigt, da sich die Bestattungskultur aber ändert, soll bis ins Jahr 2015 eine Umgestaltung stattfinden, hierbei soll besonders darauf geachtet werden, dass das Kulturdenkmal und Naturdenkmal erhalten bleiben. Es wird deshalb überlegt, die Bestattungsfläche auf 100 Hektar zu beschränken und die restliche Fläche als "reinen" Park zu belassen.

Obwohl das Bild des Parkfriedhofs von Grabsteinen geprägt ist, gibt es trotzdem genug Abwechslung in Form von Mausoleen, Krematorien, Kapellen und Denkmälern, außerdem ist das Bild durch 35.000 Bäume geprägt, durch Wiesen und Kanäle; kurzum: Der Ohlsdorfer Friedhof ist einen langen Spaziergang wert.

Wissenswert, gerade für Sie, ist auch, dass es in den Sommermonaten **Führungen über den Friedhof** gibt, außerdem gibt es ein **Museum,** das sich mit der **"Vielfalt der hamburgischen Friedhofs- und Bestattungskultur"** befasst. Damit Sie sich auf der Parkanlage nicht verlaufen, empfehle ich Ihnen außerdem **die App "Friedhof**

Ohlsdorf". Die App hilft Ihnen, Gräber prominenter Menschen zu finden, interessante Kapellen und Mausoleen zu entdecken, aber auch Bushaltestellen und Toiletten innerhalb des Friedhofes können Sie mithilfe der App leichter finden.

Hamburger Kunst- und Kulturangebot

Hamburg hat ein großes Kunst- und Kulturangebot, dabei ist es wichtig zu wissen, dass sich dieses Angebot nicht nur auf die Innenstadt beschränkt ist, vielmehr haben die einzelnen Stadtteile jeder für sich ein eigenes Angebot. Während ich Ihnen meine Lieblingsstadtteile vorgestellt habe, habe ich Ihnen auch schon einige Kulturangebote vorgestellt. Selbstverständlich gibt es aber noch mehr, weswegen ich Ihnen hier eine Auswahl weiterer Kulturangebote vorstellen möchte.

THEATER- UND KONZERTHÄUSER

Das **Allee-Theater** im Bezirk Altona ist Europas einzige private Kammeroper, gezeigt wird in der Regel Musik aus dem 18./19. Jahrhundert. Die Stücke werden auf Kammertheater-Dimensionen umgeschrieben, dabei wird aber immer darauf geachtet, das Gefühl der Oper nicht zu beschädigen. Besonders schön finde ich den rot-goldenen Saal mit seinen verschiedenen barocken Stühlen, die als Bestuhlung des Saales dienen. Außerdem ist das Foyer und das dort bereitete Essen zu empfehlen, wirklich lecker und Sie finden sich in einem gemütlichen Umfeld wieder.

Das **Cruise Inn** begann als Autokino auf dem Vorplatz des Terminals Steinwerder, inzwischen ist es mehr als nur ein Autokino, es werden auch Theater- und Comedy-Shows gezeigt. Im Cruise Inn sitzen Sie in einer fantastischen Kulisse, mit Blick auf Kräne des Hamburger Containerhafens, einfach schön und es hinterlässt dauerhaft Eindruck.

Die 2te Heimat im Quartier Phoenixhof in Altona verbindet Theater und Essen. Hier treffen, frei nach Kultursalons des letzten Jahrhunderts,

Kulinarisches, Kommunikation und Kultur aufeinander, eine spannende und beliebte Verbindung. Der Ablauf sieht wie folgt aus: Persönliche Begrüßung, Prosecco und Fingerfood, im Anschluss ein Theaterstück, das sich in der Regel auf heitere Art mit alltäglichen zwischenmenschlichen Problemen auseinandersetzt, im Anschluss dürfen Sie sich auf ein Drei-Gänge-Menü freuen. Das Besondere hier ist, dass Sie zusammen mit den anderen Zuschauern an einer langen Tafel speisen, das Menü wird von den Schauspielern serviert. Zum Abschluss gibt es einen Espresso oder Absacker im Foyer. Ein besonderes Erlebnis!

Das **ESSKULTUR** ist Restaurant, Bar und gelegentlich Theater. Gelegen zwischen Reeperbahn und Hafen finden Sie täglich wechselndes kulturelles Dessert, sehr gutes Essen und manchmal auch Lesungen, Kabarett oder Musik am Abend. Das Angebot ist immer unterschiedlich, ich empfehle Ihnen, sich vorab zu informieren, ob gerade etwas für Sie Interessantes im Angebot ist.

Das **Opernloft** finden Sie im alten Fährterminal Altona, hier haben Sie einen einzigartigen Blick auf die Elbe. Das Besondere ist nicht nur der fantastische Ausblick, sondern auch, dass hier jede aufgeführte Oper nur 90 Minuten dauert. Das Angebot reicht von Krimi-Opern über klassische Opern hin zu Opern-Slam, also eine Art Sängerkriege. Sie können vorab einen Wein und Flammkuchen auf der großen Terrasse direkt am Wasser genießen. Möchten Sie gern einen Wein während der Vorführung? Kein Problem, das Getränk darf in den Saal mitgenommen werden.

HAMBURGER MUSEEN

Das Airbus-Werk liegt auf der anderen Seite der Elbe, auf Finkenwerder, hierher kommen Sie sehr einfach mit einer Fähre von den Landungsbrücken. Hier findet auch **Airbus Werksführung** statt. Ein Rundgang dauert etwa zweieinhalb Stunden und informiert Sie über Produktion, Entwicklung, einzelne Bauteile und Kosten. Aber auch über die Geschichte des Unternehmens und einzelne Fertigungsschritte, die Sie sich selbst im Werk anschauen können, wird informiert. Rundum ein schöner Ausflug!

Der **Dialog im Dunkeln** ist eine einzigartige Ausstellung, denn hier gibt es nichts zu sehen, sondern nur zu fühlen, zu riechen und zu erleben.

Sie finden den Dialog im Dunkeln in der Speicherstadt und werden hier von Sehbehinderten
und Blinden durch die Ausstellung geführt. Die
Ausstellung befindet sich in völliger Dunkelheit,
dadurch werden Ihnen normale Situationen, wie
ein Spaziergang in der Natur oder ein Besuch in
einem gastronomischen Betrieb, als blinder
Mensch nähergebracht. Da Sie von einer blinden
Person geführt werden, wird diese Person, die sich
in der Dunkelheit problemlos zurechtfindet, innerhalb kurzer Zeit zu Ihrer Bezugsperson. Ein
sehr spannendes Erlebnis! Durch verschiedene
Gerüche, Temperaturen und Geräusche wird das
Museum zu einem wirklichen Erlebnis. Wenn Sie
weiter im Dunkeln verweilen möchten, empfehle
ich Ihnen das **Dinner im Dunkeln**. Hier servie-
ren blinde Menschen Ihnen ein Vier-Gänge-Menü
in einem vollständig verdunkelten Raum.

Wenn Sie noch mehr erleben wollen, im Dia-
loghaus gibt es auch Ausstellungen zum Thema
Dialog im Stillen und **Dialog mit der Zeit**. Die
erstere beschäftigt sich mit der Erfahrung des Ge-
hörlos-Seins, die zweite mit dem Alter.

Feinkunst Krüger in der Hamburger Neustadt ist die richtige Adresse, wenn Sie

kunstinteressiert sind und Nachwuchskünstler kennenlernen möchten. Das Programm wird monatlich geändert, Sie finden hier also immer etwas Neues. Die Ausstellungen reichen von Gemälden über Skulpturen bis hin zu Zeichnungen, dabei entdecken Sie verschiedene Kunsteinflüsse.

Die um die Jahrhundertwende erbaute **Sternwarte Bergedorf** ist kulturhistorisch bedeutend und ist aus diesem Grund auch denkmalgeschützt. Sie ist Deutschlands größte (und Hamburgs einzige) Sternwarte und ist auf dem Gojenberg im südöstlichen Stadtteil Bergedorf zu finden. Die Sternwarte hat ein immer wechselndes und buntes Programm, außerdem gibt es regelmäßig Führungen zur Entstehungsgeschichte. Die Sternwarte hat eine große Bibliothek, besonders Buchliebhaber kommen hier also auf ihre Kosten, aber auch das angrenzende Café **Raum & Zeit** mit seinem historischen Charme ist einen Besuch wert.

Wenn Sie schon in Bergedorf sind, empfehle ich Ihnen, auch das **Bergedorfer Schloss** zu besuchen. Es ist das einzige erhaltene Schloss Hamburgs und beherbergt heute ein Museum für Bergedorf und die Vierlande. Es lohnt sich außerdem, durch den Schlosspark zu flanieren, hier finden Sie

Wasser, Grünfläche und Bergedorfer aus der Nachbarschaft.

Die **Holsten-Brauerei** ist eine große Brauerei an der Holstenstraße in Hamburg, hier finden Sie auch die **Holsten-Brauwelt**. Bier zu brauen, hat in Hamburg lange Tradition, schon zu Hochzeiten der Hanse war Hamburger Bier ein Exportschlager, heute sind besonders Holsten und Astra beliebt, in den letzten Jahren kamen aber auch kleine Brauereien wie Ratsherrn dazu und besonders die kleinen Brauereien gewinnen an Beliebtheit. Schon Lotto King Karl besang die Halbliter-Dose von Holsten, der Hamburger liebt eben sein Bier. In der Holsten-Brauwelt erfahren Sie vom Brauprozess, vom Abfüllen und von vielem mehr, das mit Bier zu tun hat: spannend und ein Teil der Hamburger Geschichte, für mich ein Must-see. Selbstverständlich gibt es eine Bierprobe zur Führung, außerdem können Sie Treberbrot probieren, bei dem Brot werden die während des Brauvorgangs anfallenden Maische Rückstände verarbeitet.

Udo Lindenberg ist eine Hamburger Institution, **Panik City** ist Infotainment, Musik, Technik und eben Udo. Panik City finden Sie am

Spielbudenplatz mitten auf der Reeperbahn, es befasst sich mit Lindenbergs Leben, seiner Kunst, seinem gesellschaftspolitischen Wirken und natürlich seiner Musik. Es ist eine Mischung aus Museum und Erlebnisort und macht einfach Spaß! Sie können sich auf verschiedene Stationen aus Lindenbergs Leben freuen, darunter auch ein virtuelles Konzert und mein Highlight des Panik City.

Selbstverständlich hat Hamburg noch viel mehr zu bieten, ich habe Ihnen hier lediglich einen Anreiz und Vorschläge gegeben, deshalb empfehle ich Ihnen auch noch einmal, eine Suche speziell nach Ihren Vorlieben zu tätigen. Das lohnt sich auf jeden Fall! Ich wohne nun schon einige Jahre in Hamburg und auch ich finde immer wieder Neues über meine Stadt heraus, eine erweiterte Suche lohnt sich also. Im Besonderen, wenn Sie eine bestimmte Vorliebe nachverfolgen möchten; ich habe hier versucht, ein möglichst breit gefächertes Spektrum zu erfassen, und bin mir sicher, dass Sie einen fantastischen Aufenthalt in Hamburg haben werden.

Hamburg über Nacht

In Hamburg gibt es viele Hotels und Hostels, von günstig bis fünf Sterne ist alles zu haben. Ich empfehle Ihnen ein Hotel in der Nähe der Innenstadt oder innerhalb eines anderen spannenden Stadtteils zu finden, so haben Sie nur kurze Anfahrtswege zu den meisten Sehenswürdigkeiten und können die Stadt noch einfacher genießen.

Ich habe Ihnen hier eine Liste von Hotels zusammengestellt, angefangen mit günstigen Übernachtungspreisen hin zum absoluten Luxushotel, so können Sie entscheiden, wo Sie am liebsten die Nacht verbringen möchten.

- **Sleephotels** in St. Georg, nur ca. 1 km vom Zentrum entfernt. Sie können hier ein Doppelzimmer mit Gemeinschaftsbad schon für etwa 25 Euro die Nacht bekommen.

- **St. Pauli Lodge Townhouse**, gelegen in einer Seitenstraße zwischen Reeperbahn und Feldstraße, somit sind Sie mitten auf dem Kiez und können sich direkt ins Stadtleben werfen. Eine Übernachtung im Doppelzimmer mit eigenem Bad bekommen Sie schon ab 30 Euro die Nacht.

- Das **Hotel Kieler Hof** ist mit rund 800 Metern Entfernung vom Zentrum kaum zu toppen, hier können Sie im Doppelzimmer mit Gemeinschaftsbad ab 55 Euro übernachten.

- Das **Arthotel ANA HafenCity** liegt, wie der Name schon vermuten lässt, in der modernen HafenCity. Eine Nacht zu zweit mit eigenem Bad bekommen Sie für rund 70 Euro.

- Ebenfalls in der HafenCity gelegen finden Sie das mit vier Sternen ausgezeichnete **JUFA Hotel Hamburg**, hier wird Ihnen mehr Luxus geboten, von manchen Zimmern kann man auf die schöne

Architektur der HafenCity blicken. Eine Nacht zu zweit kostet 120 Euro.

● Das **Barcélo Hamburg** ist in der Hamburger Altstadt zu finden, ein Vier-Sterne-Superior-Hotel mit Restaurant und Lobbybar, das nur gute 500 Meter vom Hauptbahnhof entfernt ist. Eine Nacht zu weit bekommen Sie für 185 Euro.

● Das **The Westin Hamburg** in der Elbphilharmonie hat einen Rundum-Blick auf den Hamburger Hafen, die Speicherstadt und selbstverständlich die HafenCity. Alle Zimmer des Fünf-Sterne-Hotels haben einen fantastischen Ausblick, exklusiver zu übernachten geht fast nicht. Eine Nacht zu zweit bekommen Sie für rund 230 Euro.

Anreise und Rundreise innerhalb Hamburgs

Hamburg ist eine Großstadt, deshalb empfehle ich Ihnen, sich mit den öffentlichen Verkehrsmitteln fortzubewegen. Auch die Anfahrt nach Hamburg finde ich am einfachsten mit dem Zug, besonders schön ist hierbei, dass Sie die HafenCity und ihre Elbphilharmonie schön bei der Anfahrt auf den Hamburger Hauptbahnhof sehen können. Ich freue mich immer wieder, nach Hamburg einzufahren, und fühle mich gleich zu Hause, wenn ich diesen Blick aus dem Zug erhasche. Kleiner Tipp: Am besten können Sie sehen, wenn Sie in Fahrtrichtung links sitzen.

Achtung, Hamburg hat insgesamt vier Bahnhöfe, die von ICE angefahren werden, am besten informieren Sie sich schon vorher, an welchem Bahnhof Sie am besten aussteigen, um zu Ihrem Hotel zu kommen. Außerdem ist es gut zu wissen, dass der Bahnhof Hamburg-Harburg gute 10 Minuten vom Hauptbahnhof entfernt liegt, es ist also nicht nötig, sich direkt nach dem Halt in Harburg bereitzumachen; näher liegt der Bahnhof Dammtor am Hauptbahnhof, hier bleibt nicht so viel Zeit, um sich bereitzumachen, aber immer noch genug, um sich entspannt fertigzumachen. Der Bahnhof Altona ist immer der Endbahnhof, von Dammtor dauert es wieder etwa 10 Minuten, bis Sie an der Endstation ankommen.

Die Fortbewegung in der Stadt ist einfach, Hamburg hat U-Bahnen, S-Bahnen und Busse – nicht zu vergessen Fähren. Sie können sich entweder per HVV-App über Tickets und Verbindungen informieren oder Sie besuchen ein Service-Center, zum Beispiel am Hauptbahnhof. Ich empfehle Ihnen aber die App, sie ist übersichtlich und Sie bekommen bis zu 7 % Ersparnis auf die Online-Tickets im Verhältnis zu am Schalter oder Automaten gekauften Tickets. Achtung, ab 9:00 Uhr in der Früh werden Tagestickets und Wochentickets günstiger, wenn Sie also in der Früh erst nach 9:00 Uhr in die Bahn steigen, kann hier Geld gespart werden.

Je nachdem, wie viel Sie unternehmen, wie viel Sie mit Bus und Bahn (und Fähre) fahren möchten und wie viel Sie in Museen und Theater gehen möchten, empfehle ich Ihnen die **Hamburg Card** zu kaufen. Sie lohnt sich, wenn Sie sich in Museen und anderen kulturellen Einrichtungen aufhalten, denn Sie bekommen bis zu 50 % Rabatt auf Eintrittspreise. Ein Tagesticket für eine Person bekommen Sie schon für 10,50 Euro, das Zweitagesticket kostet Sie 19,40 Euro, für drei Tage Hamburg Card bezahlen Sie 27,50 Euro. Gruppenpreise gelten schon ab zwei Personen und werden noch einmal günstiger. Die Tickets können für bis zu fünftägige Gültigkeit erworben werden.

Ich habe mir viele Gedanken gemacht, wie viel Geld Sie für einen Tag Hamburg einplanen sollten, und ich würde schätzen, dass Sie mit etwa 50 Euro auskommen, je nachdem, was Sie planen, etwas mehr oder weniger. Gerade, wenn Sie in Eppendorf oder Ottensen in die vielen Boutiquen schauen, kann schnell Geld ausgegeben werden, nicht zu vergessen hat Hamburg so viele schöne Lokale, die zum Verweilen einladen, dass auch hier Geld gelassen werden will.

Ich hoffe, Sie verlieben sich in Hamburg, wie ich es vor vielen Jahren getan habe, und dass Sie einen tollen Aufenthalt in der Hansestadt haben! Ich freue mich auf Sie!

Herstellung und Verlag:

BoD – Books on Demand, Norderstedt

ISBN: 9783756227358

© Antonia Meinecke 2022

1. Auflage

Kontakt: Psiana eCom UG/ Berumer Str. 44/ 26844 Jemgum

Covergestaltung: Fenna Larsson

Coverfoto: depositphotos.com